AF131906

# Les visitations poétiques

## Du même auteur

*Les sentiers battus,* PJ. Oswald, 1975

*Les mains vides et les pieds-noirs*, C. Corlet, 1999

*Mon plus beau cadeau*, C. Corlet, 2001

*Un de là-bas*, Le manuscrit, 2005

*Jour de chkoumoune ?*, Le manuscrit, 2013

*L'homme qui recyclait des bouteilles*, Edilivre, 2016

*Georges de Villebois-Mareuil*, Edilivre, 2017

*Les parterres de vers*, Edilivre, 2019

*Et puis partir,* Books on Demand, 2022

*Des nouvelles de l'homme qui recyclait des bouteilles*, Edilivre, 2023

Christian Galvez

# Les visitations poétiques

© 2023, Christian Galvez
Édition : BoD – Books on Demand,
info@bod.fr
Impression : BoD – Books on Demand,
In de Tarpen 42, Norderstedt(Allemagne)
Impression à la demande
ISBN : 978-2-3224-6920-8
Dépôt légal : Février 2023

A mes petits-enfants

D'abord derrière les roses il
n'y a pas de singes
Il y a un enfant qui a les yeux
tourmentés



Il y a loin
En Asie joliment longue
Le nageur d'un seul amour


Georges Schehadé
dans *Les poésies*

# Deux vers pas plus

# 1

**L**es ans roulent sur la table

Parce que l'heure est à la vieillesse

2

La nostalgie cherche sa voie

Perdue dans la main d'une enfant

## 3

Il est temps de compter les feuilles
mortes

Maintenant que la terre est
amoureuse

4

Sur le chemin tracé par la vie

Je ne vois que les bornes de la
tendresse

.

5

Quand le faisan répète ses leçons

La barrière a toujours les yeux
humides

## 6

Touchées par le romantisme des
renards

Voici les branches qui entremêlent
leurs sentiments

7

**A** l'oiseau qui t'a reconnu dans la
rue

Je donnerais volontiers ma plume et
mes ballades

8

**L**es pierres gardent l'innocence des prophètes

C'est pourquoi le passant envie leur solidité

## 9

**O**ù sont passés les noix et les jours heureux

Je les avais rangés dans ma mémoire

## 10

Ta foi du matin me fait penser

Aux racines des arbres dans leur
silence

## 11

**S**i le vent ne sait plus où il en est

C'est qu'un chagrin l'envahit depuis
hier

## 12

La neige et les cascades couraient
main dans la main

Mais les nourrissons n'ont pas dit
leur dernier mot

## 13

Les chevaux n'oublient pas la connivence des vignes

Les hommes s'en émeuvent parfois à la tombée du monde

## 14

Et la vie ne cache plus ses vraies
richesses

Comme cet ange sous les doigts du
grand-père

## 15

Avec la douceur des blés et la blondeur des poésies

Le retour des moissons est une consécration

## 16

Je choisis la gouvernance des écoliers

Le bonheur du soir en échange de mes certitudes

## 17

Saluons le courage des jours de pluie

Ils font fi des contradictions les plus folles

## 18

La mélancolie du plan d'eau me navre

Que ne suis-je une grenouille qui enchante

# 19

A GS

**D**'abord derrière l'écologie de mes poèmes

Il y a la nostalgie de ma terre natale

20

Tu me demandes quels sont les
noms des nuages

Je réponds balades embrassades
accolades

## 21

La passion combine ses lettres capitales

Elle veut écrire le prénom d'un nouveau-né

## 22

Le destin de l'homme est de brosser les arbres

Pour qu'ils resplendissent au milieu des phrases

## 23

**E**n finir avec la douleur des justes

En apportant la boisson chaude des collines

## 24

Les marchands de caramels et d'idées fausses

Et l'inquiétant murmure des rivières taciturnes

## 25

La nature est quasi-omniprésente chez lui

Pourquoi parle-t-il encore à l'imparfait

## 26

Le bois soigne ses blessures avec des chansons

Si l'orgue défroisse les robes des mariées

## 27

Les saisons se comptent sur les cinq doigts d'une main

La rose trémière en a parlé au petit garçon

## 28

**J**'ai vu trois miettes d'eau abandonnées

Sur la margelle moussue de ton cœur

## 29

**L**'horizon a mis sa plus belle toilette

Sa couleur fait penser aux biches langoureuses

## 30

La frondaison des arbres qu'un souffle courtise

Livre le pays où le sable fait des fleurs

## 31

Le piège n'arrive pas à se refermer

Sur le regard tendre du vieux
contemplatif

## 32

**L**orsque le promeneur n'a aucune rêverie

Je lui prête mon précieux petit bout de bois

## 33

Les bateaux se sont couchés ivres de fatigue

On n'entend que leurs cœurs qui carillonnent

## 34

Aujourd'hui le silence est vendu aux
enchères

Les Titien Rembrandt Picasso font
pâle figure

## 35

La dame se complaît dans ses longs voyages

Aux quatre coins de son jardin d'inspiration médiévale

## 36

Que nos chers disparus décousent
les mésententes

Qu'ils reprisent les accrocs de nos
souvenirs

## 37

La logique humaine est une eau qui s'évapore

On ne partage pas son manteau mais ses soucis

## 38

Le temps aux allures d'un beau
saltimbanque

S'est reconnu dans la statue du
champ de foire

## 39

L'âge se craquelle avec la nuit étoilée

Comme la terre avec l'absence du passant

## 40

**D**ans le sous-bois où je promène mon inspiration

Les parterres d'alexandrins sont sur la gauche

## 41

**L**e collier des espérances de
l'adolescent

Perd ses perles une à une au gré des
rencontres

## 42

Sous les trophées on partage le pain
et les paroles

Sans penser que demain le
printemps suspendra l'offrande

## 43

**M**archer longuement sans rien attendre

Mais entendre le léger remous des mots

## 44

Ce n'est que dans les meilleurs vœux de ton aïeule

Que tu trouveras la rondeur des matins d'hiver

## 45

L'homme construit le muret avec
les branches du passé

Il prend pour mortier l'amitié des
oiseaux

## 46

La paix intérieure ne s'achète pas à la halle aux fruits

Même si elle a le goût sucré de la clémentine

## 47

**L**e crépuscule a son lot d'inquiétudes

Le sourire de la lune me dit que j'ai vu juste

## 48

**D**ans le nichoir emporté par le souffle de vie

L'enfant avait caché quelques-uns de ses secrets

## 49

Le grand feu traversé par les oies sauvages

C'est l'amour de mon père qu'on attise

## 50

Entre la tristesse et le cri des fruits
jaunes

Le passage est étroit dans le
profond sommeil

## 51

J'ai surpris le dialogue entre la montagne et les routes

Elles seront prêtes pour ceux de l'autre rive

## 52

**A** la croix des loups le cerf se mire dans la lune

Sa coquetterie rend heureux les vieux chênes

## 53

**O**bserver les cieux pour raconter le nouveau départ

Ouvrir un livre pour s'assurer de la patience des heures

## 54

**L**'enfant sera toujours un homme au pluriel

L'homme lui restera un enfant au singulier

## 55

Vois ces roses qui s'interrogent sur
l'éternité

A présent qu'elles comprennent les
chuchotements des sœurs

## 56

Enfin s'affranchir des frontières sourcilleuses

Depuis que le monde éclate de rire

57

**L**'amour est un gâteau de semoule
et de miel

Le déshérité du jour en réclame
encore

## 58

**B**ientôt l'orage et ses susceptibilités

La campagne joyeuse par nature se
tait

## 59

Infatigable est celui qui puise les mots

Quand on lui dit repos il entend regret

## 60

Coucous faisans moineaux perdrix grises

Saluons ces combattants qui ne désarment pas

## 61

Sans la conviction que l'eau est la sève de notre vie

Nous deviendrions des arbres qui perdent leur sang

## 62

Les signes font les yeux doux aux yeux de l'enfant

Comme l'invite de l'ange pour découvrir le royaume

## 63

Les statues du parc se sont enveloppées d'une cape

Au grand dam du vent froid qui soupire à leurs pieds

## 64

Une tranche de pain que l'huile et
le sel subliment

Suffit à l'enfant qui marche vers le
bonheur

## Post-scriptum

Je voudrais tant mes anges que
vous entendiez toujours

J'ai deux vers à vous lire et non pas
j'ai deux mots à vous dire

# L'escrimeur d'un seul bonheur

## 1

**P**our que brille avec éclat la fleur de justice

Je change au quotidien l'eau de ses paroles

Et l'innocence qui s'abandonne sur tes pommettes

2

J'ai trouvé des morceaux de sommeil

Qui fondent dans la bouche les soirs d'hiver

Au coin du feu dans lequel rougeoient les pensées

3

Le cœur a des allées de gravillons

Sur lesquelles la solitude marche à grands pas

Elle a peur qu'on l'ait oubliée

4

Où est la vie que chantaient nos
grand-mères

C'était un bout de terre au goût de
safran

Qu'elles déposaient sur la table

.

5

**O**ù que tu ailles mon cher petit jour

Je te suis comme ton vieux compagnon de route

Mes poches débordantes de sauterelles et de rires

6

Je vous aime en minuscule en majuscule

A tire-d'aile au-dessus des déclinaisons

Pour écrire le Blanc est noir

# 7

Les mots familiers d'hier s'effilochent

Je retiens le cerf-volant des souvenirs

Dans les tourments des vents contraires

8

On entend dire sur le marché des rimes nouvelles

Qu'un proche avenir reprend son souffle

A l'abri il s'engourdit en bayant aux abeilles

9

Je n'ai pas pu éviter les gros yeux du
soleil

Celui qui fait de moi une ombre

Je me baisse et ramasse mes envies

## 10

**C**omme un nuage d'oiseaux sans le sou

Attendant sur le fil une raison de vivre

L'aube timide n'ose pas se montrer

## 11

O toi qui veux garder les richesses
perdues

Le pain bénit n'est plus qu'un nom

Il sortait chaud du cœur dans les
mains du père

## 12

Les noyers ont couru joyeux vers le clocher

Mais ils sont tombés comme on plante des étoiles

Sans savoir que demain ils donneront la vie

## 13

La chasuble fait de lui un berger

Qui emprunte les voies tracées par le vent

Les grelots sonnant ses humbles victoires

## 14

Et ces chiffres qu'on taille entre
chien et loup

Parce qu'on a peur de leur mauvaise
humeur

S'il vous plaît qu'on apprenne à ne
plus compter

## 15

Le silence ne s'ennuie pas dans les églises

Parfois la lumière met ses plus beaux habits

Les statues n'hésitant pas à entrer dans la ronde

## 16

L'eau  se sent bien dans la main de
son geôlier

Elle est fatiguée d'aller par monts et
par vaux

Il est vrai que la paume est un
amour de galet

## 17

**A**i-je fait la révérence aux écluses
du passant

Ai-je interpelé haut et fort   la
brûlure du sable

Pour que mon regard se tourne vers
toi

## 18

Si le feuillage s'embrouille c'est que l'enfant pleure

Si l'enfant dort c'est que la lune est fiancée

Si je ne dis rien c'est que j'entends l'automne

## 19

L'accent de mes aïeux bondit dans les montagnes

Quand la nuit il sent le froid le mordre

Il s'enfouit sous les couvertures de mes livres

20

L'herbe n'avait pas son odeur de
chocolat

Les chevaux ne couraient pas dans
le salon

C'était pourtant jour de fête la
tienne

## 21

**F**aire  la cour à la conversation

Briser   le   silence   avec   un   casse-
noisettes

Et les rêveries se perdent en chemin

22

**A** travers la vitre de ta mémoire

On découvre une pluie qui se
mobilise

Et des soldats qui tirent à la courte
paille

## 23

Les bateliers n'embarquent plus de livres d'heures

Les roses n'ont plus une minute à elles

O mon Dieu quel dérèglement sur le grand cadran

## 24

**C**'est en semant des graines d'espoir

Sur une terre lavée au savon noir

Qu'on récoltera des fruits aux noyaux sages

## 25

La pierre du sentier regarde d'un
drôle d'œil

L'or brillant aux alentours de midi

Elle préfère la discrétion des anges

## 26

J'ai mis la charrue après les sonnets

Sûr que la poésie nourrit son homme

Comme le chant des oiseaux le blé en herbe

## 27

**D**es grenades qui servent de muses
aux poètes

Des figues prometteuses de
fraternité

Et des abricots dont les cœurs secs
deviennent des jouets

## 28

Quand reviendra la saison des migrations

Je resterai au chevet de mon histoire

Comme une mère qui déplie sa tendresse

## 29

Le sommeil n'est pas toujours docile

On le surprend faisant l'école buissonnière

Ou mangeant son quatre-heures dès minuit

## 30

Et si aujourd'hui le monde écrivait

Un poulet un partage des richesses
deux baguettes

Sur sa liste de courses essentielles

## 31

Un renard a surgi de l'armoire

En entendant l'aboiement d'un météore

C'est l'enfant qui redessine sa semaine

## 32

La tête de mon père est un pigeonnier

Là roucoulent ses années d'orphelin

Il s'assoit non pas pour casser une graine mais des olives

## 33

Ta gaieté me fait penser au retour
des perdrix

Je les ai vues bavarder au carrefour
Saint-Jean

Les unes rentraient de voyage les
autres de l'école

## 34

Les terres cuites ne cachent pas leur
peine

Elles se sentent abandonnées dans
la nef

Où sont les jonchées de Pater et
d'Ave

## 35

Les bâtons de craie sont pour les vagabondages

La légèreté de tes mains pour les étoiles

Pour notre premier festin ces tranches d'amour

36

Le grand-père a étalé devant lui mille mots

Ils paradent tout fiers en grande tenue

Pour dire Je t'aime il sort sa paire de ciseaux

## 37

Si demain la terre cherche son eau du matin

Je t'en prie pour elle ne verse pas de larmes

Car je ferai de mes doigts une baguette de sourcier

## 38

**D**ans le cendrier fume la carabine

Du grand taureau aux souliers argentés

Au point final le poète pose sa moustache

## 39

Je vois dans le miroir de la petite fille

Un lapin bleu taquinant un bon vieux dromadaire

Une souris qui aime sauter à la corde

## 40

**P**roche est ma mère qui a quitté sa chaise

Elle marchait sur les pas de mon enfance

Traînant derrière elle mes prières du soir

## 41

Tout près d'ici à un jet de fontaine

Sur la carte inédite des paradoxes

Il y a le pays d'un seul rêveur

## 42

Il y a peut-être un dépôt légal là où
tu es

Dans la plaine où les arbres font des
entrechats

Mais un séraphin voudra-t-il de ces
tercets sous ses ailes

## 43

Que puis-je entreprendre pour le
salut des pommes

Celles que le cheval ne veut pas voir
dans les nuages

Parce qu'il n'en peut plus de manger
des étincelles

## 44

**D**ès ce soir laissons ouverts les volets du cœur

Pour que le mendiant y voie briller la lampe

Qui sait demain nous comprendrons les écritures

## 45

Quand les ramiers s'étonneront de
ne pas se lever

A l'heure où devrait craquer l'âme
de l'escalier

C'est que dans la nuit je serai parti à
pas de loup

## 46

Les feuilles ont décidé de mourir
plus tôt

Elles en ont assez vu cette année

Tant pis si elles manquent
l'allégresse des vendanges

## 47

Les songes sont comme la cendre violette

Posée sur les cils de tes yeux en noix de cajou

Un brin de réveil les fait s'envoler

## 48

Le vent s'est enivré à l'auberge de la chênaie

Il se mit à tomber des grêlons lisses et marron

Pour le grand bonheur des chevreuils revenant de la noce

## 49

Hier il y avait le cœur rouillé par la
vie

Aujourd'hui il y a le monde rongé
par l'envie

Demain il y aura l'amour en tenue
de survie

## 50

Trois gouttes d'eau fraîche venues
du désert

Deux dattes trouvées à la lecture
d'une épître

Un enfant qui s'endort en suçant un
baiser

## 51

Et le lézard de se dire soudain

Et si je filais sur la pierre attachante

Comme une larme sur la joue de sa statue

## 52

J'aime mon fils quand il joue avec les saisons

Il assoit le printemps sur un trône impérial

Il habille l'été en grand chef indien

## 53

L'orage arrache les cordages de la vieillesse

L'aïeul trop tôt éloigné de son port d'attache

Referme sans mot dire son livre de bord

## 54

Je crois que c'étaient des bougainvilliers les pleurs

Qui secouaient le car où se nichait l'exil

Les feuilles collées aux vitres étaient des mains

## 55

Il suffit de trois vers jetés sur une aquarelle

Pour que la vue l'ouïe le goût l'odorat le toucher soient

Comme au premier matin du monde

## 56

Quel est le secret qui tourmente le bois

Si fier quand on parle du bâton fleuri de l'élu

Si triste quand on édifie un calcaire

## 57

Sûrement que demain je prendrai le dernier train

Celui dont on ne sait pas où il vous entraîne

Mon Dieu faites que ce sera avec entrain

## 58

C'est une peine qu'on sème à la
volée

Prions pour que la terre fasse la
sourde oreille

Car rien ne vaut une bonne moisson
de paix

## 59

Celui qui a tant rêvé des honneurs du vainqueur

Regarde les fleurs coupées dans le vase du salon

En enfilant sa veste baignée de soleil

## 60

Et ces jolis contes qu'on apprend à lire

Avant de savoir dire maman

Dans la nuit où la lumière est l'amour

## 61

Le noir a été la couleur de ta vie

Les brebis te rappelaient ta robe de mariée

O toi dont le sourire était un arc-en-ciel

## 62

Je troquerai la poussière rouge de tes larmes

Avec laquelle nous faisons des barbes à papa

Contre le regard joyeux d'un œillet

## 63

Sur la grand-route la miséricorde attend

Sous le soleil la pluie le vent la neige

Seuls les oiseaux lui rendent visite

## 64

Il y avait des mots qui calmaient l'inquiétude

Comme l'eau claire les jours de baptême

Je l'ai déjà dit l'adulte est un enfant

## 65

Tout va bien pour ceux qui ne sont plus là

Ils se serrent les coudes sous la grande voûte

Pour eux les notes de musique sont des papillons

**66**

**D**e branches tressées sont les ogives

Du jardin qui fait chanter les vieilles pierres

Contre lesquelles le saint aimait s'adosser

## 67

**A** qui viendrait l'idée de montrer du doigt

L'été qui prend l'habitude de ne pas rester à sa place

Condamné est l'hiver qui ose s'attarder

## 68

**B**ienheureux le garçon qui apprend
du miséreux

L'école est à l'entrée de la
boulangerie

Au programme le cours chasser
l'indifférence

## 69

**O**ù sont l'encrier le porte-plume le
buvard

L'écureuil a dû les ranger quelque
part

C'était beau d'écrire comme on
parle au bon Dieu

70

Ciel à la tête échevelée

Chênes aux bras arrachés

Vent prenant ses jambes à son cou

## 71

Graver dans le marbre du papier
pour que restent

Le poids des adieux dans les deux
seules valises

Et le dos fêlé du marcheur du soir

## 72

Les figues de Barbarie qui font
loucher le promeneur

Celles dont le four à pain est l'allié
de toujours

Et le présent comprend qu'il doit se
retirer

## 73

**D**is-leur que la terre est à portée de main

Que plus loin se perd l'amour des hommes

Sois donc le géomètre de notre monde

74

Sur le grand échiquier de l'existence

Entre le cavalier et le roi je choisis

Je l'avoue à demi-mot le fou

## 75

A GS

Je ne touche pas ton nom sur l'arbre du Liban

Mais je le couche comme un nourrisson

A tout instant entre ma muse et moi

## 76

Je vous laisserai des mille et des cents voire plus

Je n'ai pas fait évaluer mon patrimoine

Quel notaire comprendrait la richesse de mes vers

## 77

**S**eront-ils toujours de précieuses
résurgences

Ces prénoms qui faisaient rire sous
les toits rouges

Ceux du mineur et de la jeune
étrangère

## 78

La cérémonie dans la cour de récréation

Pour dire oui aux pauvres est une goutte d'eau vive

Il faudrait une source et un grand continent

79

Et je m'appuie sur le fil blanc des
beaux présages

Voguant sur les grands-pères et la
douce prairie

Quand l'été s'essuie les pieds
trempés de chagrins

## Envoi

Une reine peignant ses ongles au brou de noix

Une lavandière frottant des draps d'or

Un poète écrivant l'escrimeur d'un seul bonheur

# Table